SUPPLÉMENT

A LA

BIBLIOGRAPHIE

DES MAZARINADES

Par M. Emile SOCARD,

CONSERVATEUR DE LA BIBLIOTHÈQUE DE TROYES.

PARIS

Henri MENU, libraire-éditeur du *Cabinet historique*,
et de la *Revue de Champagne et de Brie*.

—

M.D.CCC.LXXVI.

SUPPLÉMENT

A LA

BIBLIOGRAPHIE

DES MAZARINADES

SUPPLÉMENT

A LA

BIBLIOGRAPHIE

DES MAZARINADES

Par M. Emile SOCARD,

CONSERVATEUR DE LA BIBLIOTHÈQUE DE TROYES.

PARIS

Henri MENU, libraire-éditeur du *Cabinet historique*,
et de la *Revue de Champagne et de Brie*.

—

M.D.CCC.LXXVI.

AVERTISSEMENT

La Bibliothèque de Troyes possède un recueil de Mazarinades
en trente-deux volumes in-4° provenant du président Bouhier et
contenant 1814 pièces. Il est orné de 476 portraits généralement
empruntés à la suite de *Montcornet*, et parmi lesquels plusieurs
ont été répétés autant de fois que l'exigeait la teneur des pièces
qu'ils accompagnent.

Le dépouillement de ce recueil nous a permis d'ajouter 80
numéros à la liste dressée par M. C. Moreau dans la *Bibliographie des Mazarinades*, Paris, J. Renouard, 1850-51, 3 vol. in-8°,
et dans le *Supplément* publié en la XVᵉ série, p. 786-829 du
Bulletin du Bibliophile de Techener, et aussi de relever quelques
additions ou corrections à des articles déjà cités.

C'est le résultat de ce dépouillement que nous publions au-
jourd'hui. Nous avons, comme M. Moreau, suivi l'ordre alphabétique, mais en nous y astreignant rigoureusement ; nous avons
scrupuleusement respecté l'orthographe du temps et nous avons
apporté tous nos soins à éviter autant que possible les erreurs
matérielles qui, en défigurant trop souvent les ouvrages biblio-
graphiques, laissent le lecteur dans une indécision pénible.

Nous avons marqué d'un astérisque les numéros où nous n'avons eu à noter qu'une correction ou addition, en ayant soin d'imprimer en petites capitales les passages corrigés ou ajoutés.

Nous avons rejeté en appendice quelques numéros consacrés à des pièces que nous avons trouvées dans le recueil de Bouhier, mais qui ne nous paraissaient pas appartenir d'une manière certaine à l'époque de la Fronde, et aussi quelques extraits de la *Gazette* que M. C. Moreau, d'après son plan (Voyez tome I, pag. v), n'avait pas cru devoir admettre, dans sa Bibliographie.

Malgré toute l'attention que nous avons apportée à notre collation, nous n'osons pas cependant assurer que quelques rares articles de notre liste ne fassent point double emploi avec le travail de M. C. Moreau. Il ne s'est pas toujours astreint à suivre l'ordre alphabétique, et alors certaines pièces sont difficiles à retrouver dans son livre.

Émile SOCARD,

Conservateur de la Bibliothèque de Troyes.

SUPPLÉMÈNT

A LA

BIBLIOGRAPHIE

DES MAZARINADES

---

1. — Abregé de l'estat general de la Recepte et dépense de tout le Royaume de France. — *Sans titre*. In-4° de 8 pages.

Dans cette pièce en faveur de Mazarin, on veut prouver que « le principal but de son Eminence a esté de remettre le Royaume en sa splendeur, faire régner le Roy heureusement et paisiblement, avec l'autorité convenable à sa Majesté, et de décharger son peuple de la plus grande partie du faix qu'il porte, etc., »

2. — Abregé (L') des perfections de la Reyne de Svede. — *A Paris*, 1650. In-4° de 8 pages.

Eloge outré par un courtisan vil et rampant.

3. — Agreable (L') conferance de devx Normans s'estans rencontrez sur le Pont-Néuf de cette Ville de Paris, traittans sur les affaires du temps present. Dont l'vn se nomme *Perrin* et l'autre *Colas*. Dialogve. — *A Paris, chez Lovys Povsset*, 1652. In-4° de 8 pages.

En patois normand.

4. — Alliance (L') des Armes et des Lettres. Par le sievr de Tovrnay. A Monseigneur le Prince. — *A Paris*, 1648. In-4° de 144 pages.

Un second titre ainsi conçu : *Panegyriqve a Monseignevr le Prince svr l'alliance des Armes et des Lettres*, indique mieux que le premier la véritable nature de la pièce qui est un Éloge bien fait du prince de Condé, quoique un peu emphatique, comme tous les morceaux de ce genre.

Il est à supposer que c'est de cette pièce qu'il a été fait, en 1652, une seconde édition décrite sous le n° 60 de la *Bibliographie des Mazarinades.*

5. — Arrest de la Covr de Parlement, contre le nommez Henry de Belloy, sieur de Charmoy, Sainct-Ange et leurs complices, touchant la Violence publique, impietez, sacrileges et autres actes par eux commis le vingt-cinquième de Mars 1648. au Monastere des Filles-Dieu de Paris, Ordre de Fronteuault. Portant que pour seruir de memoire à l'aduenir, la teneur dudit Arrest sera grauée au milieu d'une Croix deuant ledit Monastere, Vne Messe basse celebrée à perpetuité, et une Lampe ardente entretenüe iour et nuict, etc. — *A Paris, par Antoine Estienne,* 1648. In-4° de 7 pages.

Cette pièce, comme plusieurs autres, ne semble pas se rattacher beaucoup aux affaires de la Fronde.

6. — Arrest de la Covr de Parlement de Bovrdeavx, donné les Chambres assemblées contre la déclaration du Roy publiée à Blaye le huictiesme du present mois. Et declare le Cardinal Mazarin et ses adherans criminels de leze-Majesté. Ensemble la Lettre dudit Parlement escrite à Monseigneur le Duc d'Orleans. — *A Paris, la Veufue I. Gvillemot,* 1652. In-4° de 8 pages.

Daté du 12 janvier 1652 et signé : *Svav.*

7. — Arrest de la Covr de Parlement de Bovrdeavx. Portant que les Officiers de ladite Cour et Chambre de l'Edict continuëront l'exercice de leurs charges, pour le bien du seruice du Roy, et la conseruation de la tranquillité publique. — *A Paris, Iouxte la coppie imprimée à Bourdeaux,* 1649. In-4° de 8 pages.

Daté du 24 juillet 1646 et signé : De Pontac.

8. — *Arrest de la Covr dv Parlement de Bordeavx : povr la ivstification de M. le Prince : sur le suiet des calomnies inuentées contre son Altesse par les factionnaires du Cardinal Mazarin, pour le faire sortir de Paris, et faciliter le retour de leur Maistre. Ensemble les Remonstrances du mesme Parlement faites au Roy sur ce sujet, et les Lettres écrittes à la Reyne Regente, à M. le Duc d'Orleans, et à M. le Prince. — *A Paris*, 1651. In-4° de 12 pages.

L'arrêt est daté du 30 août 1651.

9. — Arrest de la Covr de Parlement, donné en l'avdiance de la grand'Chambre le 13. Iuin 1651. au profit de Monsieur le Duc de Vandosme. Contre Monsieur le Duc et Madame la Duchesse d'Elbeuf, touchant les biens de la succession de feuë Madame la Duchesse de Beaufort. Ensemble les plaidoyers des aduocats des parties, et de Monsieur Talon Aduocat général, qui ont parlé en cette cause. — *A Paris, la Veufue I. Gvillemot*, 1651. In-4° de 68 pages.

10. — Arrest de la Covr de Parlement, du 8. d'Auril 1650. Par lequel les Bourgeois et Habitans des quartiers de S. Benoist, S. André, S. Seuerin, S. Cosme, S. Sulpice, sont chargez de la Recepte des deniers et de l'execution du Nettoyement des Ruës. Extraict des Registres de Parlement. — *Sans titre*. A la fin : *A Paris, chez Estienne Chalonneav*, 1650. In-4° de 3 pages.

11. — *Arrest de la Covr de Parlement. Du quatriesme septembre 1649. Portant que le commerce de bleds sera libre à vn chacun pour en amener en ceste Ville, tant par eauë que par terre : Comme aussi qu'il sera informé

des violences qui se commettent aux passages des riuieres
et autres lieux des empeschemens qui se font iournelle-
ment en l'enleuement des bleds pour la prouision de
ladite Ville. — *A Paris, chez P. Rocolet,* M.DC.XLIX. In-4°
de 4 pages.

Armes de la ville de Paris au frontispice.

12. — Arrest de la Covr de Parlement. Portant la leuée
qui doit estre faite sur les Maisons de cette Ville et Faux-
bourgs, et restablissement de droicts d'Entrées, et autres,
pour subuenir à la seureté de la Ville, et esloignement
du Cardinal Mazarin. — *A Paris, Par les Imprimeurs et
Libr. ordinaires du Roy,* 1652.

Daté du 2 août 1652, et signé : Dv Tillet.

13. — Arrest de la Cour de Parlement, portant novvelle police pour la distribution publique des Pain, Bleds
et Farines en cette Ville et Faux bourgs de Paris, Auec
pouuoirs à tous Marchands Forains et autres, d'y en
amener, et les vendre à tel prix qu'ils conuiendront
auec les Achepteurs. Du onziesme mars mil six cens quarante-neuf. — *A Paris, Par les Imprimeurs et Libraires
ordinaires du Roy,* 1649. In-4° de 4 pages.

14. — Arrest dv Conseil d'Estat du Roy. Du 12 May
1649. Concernant les Prests. — *Sans titre.* In-4° de 4
pages.

15. — Arrest dv Conseil d'Estat dv Roy, dv qvatriesme
septembre mil six cens quarante-neuf, Portant deffence
à toutes personnes de transporter hors le Royaume aucuns Grains, Bleds et Baillarges, sans passeport de sa
Majesté; signé en commandement, et scellé du grand

seau. — *A Paris, chez P. Rocolet,* 1649. In-4° de 4 pages.

16. — Arrest dv Conseil d'Estat dv Roy, En faueur des Officiers qui prétendent estre hereditaires, pour estre receus à payer le Droict Annuel de leurs Offices, sans payer aucun Prest. Du quatriéme Ianuier 1651. — *A Paris, par Antoine Estienne,* 1651. In-4° de 6 pages.

A la page suivante, au recto d'un feuillet blanc, se trouve la marque typographique des *Estienne* gravée sur bois.

17. — Arrest dv Conseil d'Estat dv Roy, Portant svrseance d'vn an à toutes contraintes en faueur de ceux qui ont fait des auances pour les affaires de sa Majesté, auec defenses à tous Huissiers et Sergens de faire aucune contrainte, à peine d'interdiction de leurs charges, et de mil liures d'amende. Du 28. May 1649. — *Paris, la veufue Ribot,* 1649. In-4 de 4 pages.

18. — Arrest dv Conseil d'Estat dv Roy. Portant qv'il sera payé par les Habitans de tous les lieux où il y a des Troupes d'Infanterie et Cauallerie en Garnison, ce que montera le payement d'vne Montre. Ce qui sera deduit ausdits Habitans sur ce qu'ils doiuent de la Taille et subsistance, pour le premier Quartier de la présente année. Du 20. Auril 1649. — *Sans titre.* In-4° de 4 pages.

19. — *Arrest notable de la Covr de Parlement ; contre les Traittans et Partisans, en execution de la Declaration du mois d'Octobre 1648. Portant defenses de leuer ny exiger aucuns droicts sur les Vins et Marchandises baissant sur la Riuiere de Loire, et fleuues y descendans, sinon

en vertu d'Edicts bien et deüment verifiez en ladite Cour,
et ce nonobstant diuers Arrests du Conseil, et la Declaration que lesdits Traittans ont fait verifier à la Cour des
Aydes. — *A Paris, chez Estienne Pépingvé,* M.DC.LI. In-4°
de ONZE pages.

20. — Arrest notable de la Covr de Parlement; Donné
en faueur des Tiers Détenteurs, contre les créanciers
hypothécaires, pour le tenement des cinq ans, tant entre
presens, qu'absens. Auec les Plaidoyez de Maistres
Iacques Huot et Gabriel Le Mazier Aduocats des parties;
et celuy de M. l'Aduocat General Bignon. — *A Paris, chez
Estienne Pepingvé,* 1651. In-4° de 15 pages.

Daté du 16 décembre 1650. .

21. — Arrest notable de la Covr de Parlement, Portant
que les Offices estant saisies et mis en Criées, ne peuuent
plus estre resignez, ny les resignataires s'en faire pour-
uoir, encor que les saisissans ne se soient opposez au
sceau. Du 24. Auril 1651. — *Sans titre.* A la fin : *A Paris,
chez Pierre dv Pont,* 1651. In-4° de 3 pages.

22. — *Articles PROPOSEES et arrestees en la Chambre
S. Louis, par les Deputez des 4. Compagnies Souueraines,
de Paris en l'année 1648. ENSEMBLE VN EXTRAICT DES
DECLARATIONS DU ROY, ARRESTS DU CONSEIL, PARLEMENT,
CHAMBRE DES COMPTES, ET COUR DES AYDES. — A PARIS,
M.DC.XLVIII. IN-4° DE VINGT PAGES.

(Voy. Bulletin du Bibliophile, 15e série, p. 794, n° 29.)

23. — Bien venve (La) dv Roy, svr son arrivée dans
sa bonne ville de Paris. — *A Paris, chez Iean Brvnet,*
1650. In-4° de 4 pages.

Rien de plus emphatique que cette espèce de compliment à l'adresse du Roy. Toutes les formules de la louangè et de la flatterie y sont épuisées en deux pages.

24. — Censvre dv livre intitulé, Remonstrances faites au Roy, sur le pouuoir et l'authorité que sa Majesté a sur le temporel de l'Estat Ecclesiastique. — *Sans titre* (1651). In-4° de 7 pages.

Datée du 23 janvier 1651, et signée de 27 archevêques ou évêques et de 18 abbés ou dignitaires.

25. — CLAUDII DE LA PLACE P. rhetoris Prælleo-Bellovaci de consensv rei militaris et literariæ ; déque bello, quà naturali qua diuino iure licitum aut illicitum est : adversus Adulatores Principum, et Machiauellistas Oratio Solennioribus Scholæ auspiciis habita A. R. S. H. 1548. die Dom. XV. Nouembr... — *Parisiis, apud Franciscvm Prevveray*, 1649. In-4° de 24 pages.

Ce discours ne se rapporte qu'indirectement aux troubles de la Fronde.

26. — Compagnies (Les) de Picqve-Nicqve ov les charmans effects des Bovrgeois de Paris, avx portes de la ville. Leurs Priuileges et Statuts à eux donnez pour leur conseruation. — *A Paris*, 1652. In-4° de 7 pages.

A la fin on lit : Approuvé et arresté par les Frères Officiers A. B. C. D. E. F. G. H. 1. K. L. M. N. O. P. Q. R. S. T. V. X. Y. Z. et autres dont le nombre est infini.

27. — Complimens (Les) de la place Mavbert, reformez par vne des plvs famcvses harangeres de Paris. Avec la harangve qv'elle a faite aux Dames de son Exercice, et la Response qu'elles luy ont faite. En vers bvrlesqves. — *S. l.* 1650. In-4° de 7 pages.

Pièce en vers de huit syllabes, du style le plus plat. Elle n'a pour elle que la rareté.

28. — (Pièce sans titre.) In-4° de 4 pages.

Déclaration des conseillers secrétaires du Roy relativè au Bail des Gabelles. Datée du 10 janvier 1650.

29. — Declaration dv Roy, contre les blasphematevrs du Sainct Nom de Dieu. Vérifiée en Parlement, sa Majesté y seant, le septiesme septembre 1651. — *A Paris, par les Imprimeurs et Libraires ordinaires du Roy*, 1651. In-4° de 7 pages.

A la 8ᵉ page se trouve la marque typographique des *Estienne* gravée sur bois.

30. — Declaration dv Roy, portant descharge avx Marchans de Vins, Tauerniers et Hostelliers de la Ville et Faux-bourgs de Paris, de ce qu'ils doiuent des droicts de dix sols pour chacun muid de Vin vendu en gros, et quatre sols pour liure du Vin, Cidre, Bière ou Poiré vendu en destail pendant l'annee mil six cens quarante-huict, et le premier quartier de l'année 1649. Verifiée en la Cour des Aydes le 7. Octobre 1649. — *A Paris, par P. Rocolet*, 1649. In-4° de 9 pages.

A la suite, sur un feuillet blanc, armes gravées de la ville de Paris.

31. — Declaration dv Roy. Portant qve tovs gens de gverre et autres seruant les ennemis, qui seront trouuez dans la Ville et Faulx-bourg de Paris, et à quinze lieuës à la ronde, seront punis selon la rigueur des Ordonnances. Verifiée en Parlement le vingt-deuxième iour de May mil six cens cinquante-quatre. — *A Paris, par les Imprimeurs et Libraires ordinaires du Roy*, 1654. In-4° de 7 pages.

32. — Desespoir (Le) des Ministres de Charenton dans

le retovr de levrs enfans à l'Eglise Catholique... Par M. A.
BOBYE Prestre Paris. habitué en l'Eglise de sainct Se-
uerin à Paris. — *A Paris, chez Sebastien Hvré Fils,* 1650.
In-4° de 15 pages.

33. — Edict dv Roy, portant revocation des Hereditez
et Suruiuances des Offices, gages, droicts et taxations
tenus en heredité par tous les Officiers de ce Royaume.
Verifié en la Grande Chancellerie de France, le vingt-
neufiéme iour du mois d'Octobre 1646. — *Sans titre.* A
la fin : *Paris, par Antoine Estienne,* 1649. In-4° de 4
pages.

34. — Examen dv Ivgement de l'Argolin svr l'eclipse
dv mois d'Aoust de l'an 1654. A. M. D. C. — *A Paris,
chez Pierre Le Petit,* 1654. In-4° de 8 pages. Signé :
D. C.

35. — Extraict des Registres du Conseil Priué du Roy
(relatif au conflict de Iurisdiction d'entre le Parlement
de Paris et le Grand Conseil, et daté du 29 mars 1650.)
Sans titre. In-4° de 3 pages.

36. — Extraict des Registres de Parlement. — *Sans
titre.* In-4° de 3 pages.

En date du 23 juillet 1648, relatif à l'évasion de 98 prisonniers de la Concier-
gerie du Palais.

37. — Factvm concernant l'interest general des trois
Ordres du Royaume, et le particulier de dix ou douze
Prouinces : Pour les Marchands frequentans la Riuiere
de Loire, et autres fleuues descendans en icelle, demandeurs : Et les Maires, Escheuins et habitants des villes

d'Orleans, Blois, Amboise, Tours, Saumur, Angers, Toüars, et Chasteaugontier ; les Chartreux de Bretagne, et autres Communautez, interuenans et joints auec lesd. Marchands. Contre Toussainct de la Ruelle, Fermier des cinq grosses Fermes et Traictes d'Anjou, et consorts, leurs cautions et associez en ladite Ferme, defendeurs. — *Sans titre*. In-4° de 11 pages.

38. — Factvm, dv procez pendant en la Covr, avquel les P. P... de l'Ordre des Mendians, pretendent vnir à leur maison, vn Prieuré de l'Ordre de saint Benoist. — *A Paris*, 1649. In-4° de 10 pages.

En vers alexandrins.
Pièce aussi bonne que rare, en termes modérés, comme on en trouve peu à cette époque.

39. — Factvm ou Reqveste, ov Tout ce qu'il vous plaira. — *S. L. n. D*. In-4° de 4 pages.

Le titre est ainsi complété en tête de la Pièce : Pour Paul Scarron, doyen des malades de France. Anne Scarron, pauure veufue, deux fois pillée durant le blocus. Françoise Scarron mal-payée de son locataire : Enfans du premier lit de feu Maistre Paul Scarron conseiller en Parlement ; tous trois fort incommodez, tant en leurs personnes qu'en leurs biens, Défendeurs. Contre Charles Robin sieur de Sigoigne, mari de Magdelaine Scarron. Daniel Boilleau sieur du Plessis, mary de Claude Scarron ; et Nicolas Scarron enfans du second lit, tous sains et gaillards, et se réiouyssans aux dépens d'autruy, demandeurs.

40. — Factvm povr Monsievr le Dvc d'Elbœvf contre Monsievr le Dvc de Vendosme. — *S. l.*, 1651. In-4° de 7 pages.

41. — Factvm pour Monsieur le Duc de Vandosme. Contre les Prétentions de Monsieur et Madame d'Elbeuf. — *Sans titre*. In-4° de 11 et 47 pages.

La seconde partie, Recueil des pièces à l'appui, contient :
1° Sentence de l'official d'Amiens sur la nullité du Mariage de la Duchesse de Beaufort avec M. Damerval de Liancourt.

2º Légitimation du Duc de Beaufort.

3º Arrêt d'enreg. des lettres de Légitimation.

4º Déclaration du roy pour rendre le Duc de Vendosme et la Duchesse de Beaufort réciproquement héritiers l'un de l'autre.

5º Consentement de la Duchesse de Beaufort à ce que le Duc de Vendôme lui succède.

6º Erection du Comté de Beaufort en Duché-Pairie.

7º Contrat de Mariage du Duc de Vendôme et de Françoise de Lorraine.

8º Commission du Roy, pour l'administration des biens de M. et Mlle de Vendôme.

9º Partage des biens de la succession de la Duchesse de Beaufort.

42. — Herato-technie (L') ov l'art d'aimer d'Ovide, en vers bvrlesqves. Par le sieur D. L. B. M. — *A Paris, chez Denys Pelé*. 1650. In-4º de 82 pages.

Vers de 8 syllabes.

43. — Histoire sommaire d'vn impostevr de nostre temps, Qui par ses artifices et inventions malicieuses, en rodant toute la France depuis vingt ans, fourbe, trompe et abuse toutes sortes de personnes, Religieux et Séculiers. — *A Paris, chez Iean de la Caille*, 1648. In-4º de de 14 pages.

44. — Histoire véritable de l'embrasement d'vn Vaisseau, arriué à la Rade de Dieppe, chargé de trois cens personnes, et de quantité de Richesses. — *A Paris, chez Mathvrin et Iean Henavlt*, 1649. In-4º de 12 pages.

45. — Histoire veritable de tovt ce qvi s'est fait et passé à la mort d'vn des volevrs qui auoit pris le S. Ciboire dans l'Eglise S. Sulpice, et jetté les Hosties par terre. Leqvel a esté condamné à faire amande honorable nud en chemise la torche au poing, deuant ladite Eglise et à estre mené au bas de la ruë de Tournon, et là estre attaché à vn poteau, et étranglé, puis brûlé, et ses cen-

dres jettées au vent. Ce qui a esté fait le 16 Iuin 1649. — *A Paris, chez Guillaume Sassier*, 1649. In-4° de 8 pages.

46. — Instrvction baillée par le Roy à Madame d'Elbeuf, allant de sa part trouver Monsieur le Duc de Vendosme (suivie d'une *Lettre dv Roy a Monsievr le Dvc de Vendosme*). — *Sans titre*. In-4° de 6 pages, de 5 à 10.

Parait être la suite d'une autre pièce qui nous est inconnue et semble l'avoir été aussi à M. C. Moreau.

47. — Iovrnal (Le) fvnebre et tombeav lvminevx de la qvarantenne de Madame la Princesse Doüairiére de Condé, faicte dans les Carmelites du Faux-bourg S. Iacques à Paris, le II. Janvier 1651. — *A Paris, chez Nicolas Iacqvard*, 1651. In-4° de 11 pages.

A la 11e page se trouve un *Sonnet sur les quatre Figures de son Tombeau, dans l'Eglise des Religieuses Carmélites.*

48. — Lettre à la Reyne pour la cause publique, comme elle doit chasser Mazarin. — *Sans titre*. In-4° de 3 pages.

Lettre presque respectueuse sous sa forme satirique, n'était une comparaison injurieuse pour la Reine.

49. — Lettre d'avis, à Monseigneur l'archevesqve de Paris, trovvée sous les charniers des Innocens. — *A Paris*, 1652. In-4° de 7 pages.

Signée : V. D. E. B. et datée du 16 août 1652.
Pamphlet sanglant contre le cardinal de Retz, Paul de Gondy.

50. — Lettre de Monseignevr le Prince de Condé escrite av Roy, sur le sujet du retour du C. Mazarin. Contenant ses intentions.— *S. L. (Paris. François Noël). Iouxte la copie imprimée à Bordeaux*, 1652. In-4° de 14 pages.

Datée du 9 février 1652.

51. — Lettre de Monsievr le Prince escrite à Messievrs dv Parlement ; sur le sujet de l'écrit de la Reyne, porté par Messieurs les gens du Roy. — *A Paris*, 1651. A la fin : *A Paris, de l'imprimerie de Nicolas Viuenay.* In-4° de 6 pages.

Signé : LOUIS DE BOURBON, et datée du 11 juillet 1651.

52. — *Lettre dv Roy envoyee à Monseignevr le Mareschal de l'Hospital, Gouuerneur de Paris ; sur ce qui s'est passé entre les deux Armées és enuiron d'Estampes. De S. Germain, le sixiesme iour de May 1652. — *A Paris, Par les Imprimeurs et Libraires ordinaires du Roy.* 1652. In-4° de HUIT pages.

53. — Lettre escrite de Bazas par vn ecclesiastiqve à vn Prestre de sainct Suplice, au faux-bourg sainct Germain. Contenante l'apostasie d'vn Ianseniste, nommé Labadie, leqvel par desespoir de n'auoir pù semer son erreur dans le Diocese de Tholose a renoncé à l'Eglise Romaine pour embrasser la Religion prétenduë Reformée. Et a protesté en se faisant qu'il n'a pas changé la croyance du Iansenisme en professant le Caluinisme, mais que seulement il a commencé de faire profession publique de quelques poincts moins importans à la Religion, qui seront aisément receus par ses bons amis les Iansenistes. — *A Paris,* 1651. In-4° de 8 pages.

54. — Lettre escrite de Potiers, dv XX. Ianvier 1652. Contenant les auantages emportez sur l'Armée de Monsieur le Prince par l'Armée du Roy. — *A Paris, par les Imprimeurs et Libraires ordinaires du Roy,* 1652. In-4° de 6 pages.

55. — Lettre monitoire, Contre les Seditieux. Du vingt-septiesme Iuin, 1652. — *A Paris, par les Imprimeurs et Libraires ordinaires du Roy,* 1652. In-4° de 4 pages.

56. — Lettres patentes dv Roy, Portant permission, à Mon Seigneur de Ventadour Ecclesiastique, Directeur General des Seminaires, de leuer et perceuoir le denier à Dieu, qui se donne en toutes Foires et Marchez. Avec le Consentement de tous Iurez des arts et mestiers de ceste Ville et Faux-Bourgs. — *A Paris, chez Madame Morlo, s. d.* In-4° de 7 pages.

Datée du 16 mai 1651.

57. — Lvdovico Borbonio Condæo. Galliarvm Protodynastæ. — *Sans titre.* Pet. in-fol. de 1 page.

Petit poème latin signé F. C., et daté des Calendes d'avril 1649.

58. — Maintien (Le) de la Preseance de Monsieur le Duc de Vandosme, à cause de la Pairie de Vandosmois, contestée par Monsieur le Duc d'Elbeuf, aussi Pair de France, — *Sans titre.* In-4° de 23 pages.

Cette pièce renferme plusieurs chapitres : 1° Povr la Pairie de Vandosmois ; — 2° Povr la personne ; — 3° Erection du Comté de Vandosmois en Duché et Pairie ; — 4° Donation entre vifs dv Duché de Vandosmois ; — 5° Lettres-Patentes de verification du Don du Duché de Vandosme ; — 6° Première séance de Monsieur le Duc de Vandosme au Parlement en qualité de Duc et Pair de France ; — 7° Exemption dv Dvché de Vandosme à la réunion du Domaine ; — 8° Lettres-Patentes povr le rang et seance de Monsieur le Duc de Vandosme, et l'arrest du Parlement d'enregistrement desdites Lettres ; — 9° Extraict des Registres du Parlement (pour le même objet).

59. — Manifeste (Le) de la veritable doctrine des Iansenistes telle qv'on la doit exposer av pevple. Composé par l'Assemblée du P. R. Contre les calomnies des Molinistes, et les sinistres explications qu'on luy donne, au desaduantage de la verité. — *A Paris, chez Emanvel Govrdon*, 1651. In-4° de 31 pages.

Cette pièce, qui fait partie des Mazarinades, prouve que les querelles religieuses se mêlaient, à cette époque, aux troubles civils.

60. — Nez (Le) povrry de Theophraste Renavdot, grand gazettier de France, et espion de Mazarin ; Appelé dans les Chroniques *Nebulo hebdomadarius, de patria Diabolorum*. Avec sa vie infame et bovqvine, recompensée d'une Verole Euripienne, ses usures ; la decadance de ses Monts de-Piété, et la ruine de tous ses fourneaux et alambics (excepté celle de sa Conference, retablie depuis quinze jours) par la perte de son Procez contre les Docteurs de la Faculté de Médecine de Paris. — *S. l. n. d.* In-4° de 6 pages.

Ces pièces en vers, dont le titre promet plus qu'il ne tient, forment une des plus rares Mazarinades. En rapportant le second titre nous citons ce qu'il y a de plus violent contre le gazetier officiel. Le voici : « Svr le nez pourry de Theo-« fraste Renavdot, alchymiste, charlatan, empiriqve, vsvrier comme vn Iuif, « perfide comme vn Turc, meschant comme vn Rénegat, grand fourbe, grand « Vsurier, grand Gazetier de France : Rondeav. » Puis un autre Rondeav aussi benin que le premier, et un Qvatrain extrait de la 22° Centurie de Nostradamus : et c'est tout.

61. — Novvelle (La) extraordinaire d'vn grand secours jetté dans Mouzon, auec la defaite des Ennemis, et la reprise des dehors que les assiégés auoient perdu. Par le Marquis de Villequier, Lieutenant General des Armées du Roy. Envoyée à Monseignevr le Mareschal de l'Hospital, Gouuerneur de Paris. De Donchery, le 16. Octobre 1650. — *Sans titre.* A la fin : *A Paris, chez Guillaume Sassier, s. d.* (1650). In-4° de 8 pages.

Signée : S. SAVFLIEV.

62. — Parnasse (Le) alarmé. — *A Paris*, 1649. In-4°
de 16 pages.

En vers de 8 syllabes. Voyez le n° 72.

63. — Piece (La) de Cabinet. Dediée aux Poëtes du
Temps. — *A Paris, chez Iean Paslé*, 1648. In-4° de 16
pages.

En vers alexandrins.
L'épître dédicatoire *A Messieurs les Poeies* est signée : CARNEAV. Le sous-
titre de la pièce, *Stances enigmatiqves*, indique le genre adopté par l'auteur
qui fait parler et raisonner une *Bouteille* — mot de l'Enigme — mais une
bouteille pleine de vin. Soixante quatrains, assez bien tournés, célèbrent les
hauts faits de l'héroïne cachée sous les voiles de l'énigme. On peut dire que
le sujet y est presque épuisé.

64. — Prima (Le) Mensis fvneste, des Iansenistes,
avec advertissement aux Docteurs de l'vne et l'autre
opinion. — *Sans titre*. In-4° de 11 pages.

Signé : P. M. R. G. P. T. Th.

65. — Recit veritable dv delvge arriué en la ville de
Seuille, laquelle a esté toute submergée par le desbor-
dement du fleuue Quadal-Guiuir, lequel a ruyné et des-
moly plusieurs grands Edifices, destruicts quantités
d'Eglises, et noyé plus de trente mil personnes ou plus.
— *A Paris, Iouste la copie imprimée à Envers, s. d.* In-4°
de 8 pages.

En l'année 1651..

66. — Reflexions svr l'arest dv Parlement, donné en
faueur de M. le Duc de Vendosme, contre les prétentions
de M. le Duc d'Elbœuf. Présentées à M. de Vendosme.
— *Sans titre*. A la fin : *A Paris, chez Guillaume Sassier,
s. d.* In-4° de 7 pages.

Six pièces de vers, dont la 1re et la 3e s'adressent au Duc de Vendôme, la 2e à M. le Prince de Condé, la 4e à M. le Duc d'Elbœvf, la 5e à M. Pvcelle, avocat du Duc de Vendôme, et la 6e à M. Bataille, avocat de M le Duc d'Elbœuf. L'auteur y joue sur les noms des avocats Pucelle et Bataille.

67. — *Relation (La) veritable, contenant la REPRISE par force de Pont en Xaintonge, par l'armée de Monseigneur le Prince de Condé, Commandée par Monseigneur le Prince de Tarante, Fils aisné de Monseigneur de la TRIMOÜILLE Duc et Pair de France, auec autres auantages emportez, sur le Comte d'Harcour, apportez à son Altesse Royalle. — *S. l.* A la fin. 1652. In-4° de 6 pages.

68. — Relation véritable dv grand Combat naval donné les 8, 9 et 10 d'Aoust 1653 entre les Flottes d'Hollandes et d'Angleterre, sur les Costes d'Hollandes; et de la Victoire signalée demeurée aux Hollandois. — *A Paris, chez Pierre Des-Hayes,* 1653. In-4° de 7 pages.

69. — Remonstrance à Nosseignevrs de Parlement. — *Sans titre.* In-4° de 7 pages.

Par les Maistres Menuisiers, Charpentiers, Charrons, etc., contre les pretendus droicts que les Mouleurs de bois, etc , exigent impunément... sur les marchandises de bois.

70. — Remonstrance de la Province de Gvyenne à Monseignevr le Prince de Condé, povr la revnion de la Maison Royale. — *A Paris,* 1651. In-4° de 7 pages.

71. — Remonstrances des trois Estats, à la Reyne regente. Povr la paix. — *A Paris, chez Iean Brvnet,* 1649. In-4° de 24 pages.

Signé : D. B.
Chacune des Remonstrances des trois Estats, le Clergé, la Noblesse et le Peuple a son titre particulier, quoique la pagination se suive.

72. — Response av Parnasse alarmé. Par l'Académie Françoise. — *S. l.*, 1649. In-4° de 6 pages.

En vers de 8 syllabes.

L'auteur du *Parnasse alarmé*, s'exprimant en fort bons termes, voulait ramener l'Académie au style de Rabelais et d'Amyot. — La *Response*, en six strophes de dix vers chacune, ne donne que des injures. Ces deux pièces sont rares. Voyez le n° 62.

73. — Reqveste des habitans de la Ville et Faux-Bourgs de Paris, présentée à la Cour de Parlement. Povr la remise des qvartiers de Pasques, sainct Iean et sainct Remy prochain, attendu la misère du temps. — *A Paris, chez André Chovqvevx,* 1652. In-4° de 7 pages.

A la fin on lit : Monsieur Fedcav consciller au Parlement est Rapporteur.

74. — Sanglant (Le) Combat naval donné entre les Venitiens et les Turcs. — *A Paris, chez Iean Brunet,* 1651. In-4° de 6 pages.

75. — Second sermon de l'Evcharistie povr le Dimanche de l'Octave. Seconde Partie. Preschée par le R. P. A. D. — *A Paris, chez Pierre Dv Pont.* In-4° de 14 pages.

(Voir les n°ᵒ 78 et 87.)

76. — Seconde visite dv médecin politiqve. — *Sans titre.* A la fin : *A Paris, chez la veufue Theod. Pépingvé, et Est. Mavcroy,* 1649. In-4° de 8 pages.

Cette pièce forme la suite et seconde partie de : *Le Medecin Politique.* (Voy Bibliogr. des Maz., n° 2138.)

77. — Sentence bvrlesqve. — *S. l.*, 1649. In-4° de 8 pages.

En vers de 8 syllabes.

A la fin, on lit : Signé, CANABOT. Sentence prononcée contre un nommé Louls Picart, prévost de la Bazoche, qui ne voulait pas payer les frais de bouquets, tapisserie, musique et bonne chère faits à Saint-Germain, et ceux de Saint-Nicolas. Cette pièce pitoyable n'a de burlesque que le nom, et ne pourrait être recherchée que pour sa rareté.

78. — Sermon de l'Evcharistie povr l'octave de la Feste-Dicv. Premiere Partie. Preschée par le R. P. A. D. — *A Paris, chez Pierre Dv Pont,* 1649. In-4° de 16 pages.

(Voir les nᵒˢ 75 et 87.)

79. — Sermon de S. Lovis Roy de France, fait et prononcé devant le Roy et la Reyne Regente sa Mere. Par Monseignevr l'Illustrissime et Reuerendissime I. F. PAUL DE GONDY, Archeuesque de Corinthe, et Coadjuteur de Paris : A Paris dans l'Eglise de S. Lovis des PP. Iesuites, au iour et Feste dudit saint Louis, l'an 1648. — *A Paris,* 1649. In-4° de 12 pages.

80. — Sovpirs (Les) et regrets d'vn cœvr repenty. — *A Paris, chez Denys Pelé,* 1650. In-4° de 15 pages.

81. — *Suitte de la belle gueuse. La Muette ingrate, (par François Noël). — *S. l. n. d.* (1650). In-4° de 18 pages.

Cette pièce fait suitte à *La Belle Gueuse,* du même auteur. Les pages 11 à 18 contiennent *La Vieille Amoureuse.* (Voy. Bibliogr. des Maz., nᵒ 579.)

Rien de plus sale que les deux épigrammes et le madrigal qui terminent cette Mazarinade dirigée contre la Reine Mère.

82. — Svitte de la relation presentée av Roy en son Conseil, sur la dissipation de seize à dix-sept millions de liures des reuenus du Roy, sur quarante-deux millions de liures, dont sa Majesté doit jouyr par chacun an,

toutes charges generalement desduites. — *A Paris,*
1651. In-4° de 10 pages.

83. — Svitte et devxiesme apologie dv Theatre dv
monde renversé, ov la comedie des comedies abbatve du
temps present. Par J. C. D. L. (De Lorme.) — *A Paris,*
chez Robin de la Haye, 1649. In-4° de 7 pages.

(Voy. Bibliogr. des Maz., n° 116)

84. — Tombeav (Le) de l'Espagne ou les victoires des
Francois. Dedié à Monseigneur le Mareschal de Schomberg. — *A Paris, chez Guillaume Sassier,* 1649. In-4° de
22 pages.

On trouve, sous ce titre, les pièces de vers suivantes : Stances à Mgr de
Schomberg; — stances à la Noblesse, signées C. M.; — le tombeav de l'Es-
pagne; — les vœvx et souhaits de la France povr la prosperité de ses Armes·
Elegie.

85. — Tovche. Aux Plumes venales et ingrates de ce
temps. — *Sans titre*. In-4° de 4 pages.

En vers alexandrins.
Pamphlet royaliste contre Balzac, Dupleix, Scarron et Vulson que l'auteur
stigmatise en ces termes :
>   Le meilleur de ces quatre estant à la coupelle
>   Ne sera jamais pris pour un homme de bien,
>   Mais pour un scélérat, un perfide, un vaurien,
>   Qui doit bien tost périr sur le haut d'une échelle.

86. — Tres-hvmbles remonstrances à Madamoiselle et
à Messievrs de son Conseil. Par la Noblesse et tiers Estat
de son Bailliage, Duché et Pairie de Montpensier, sur la
pauureté et misere du Peuple. — *Sans titre*. In-4° de 15
pages.

87. — Troisiesme et dernier sermon de l'Evcharistie

povr le ievdy de l'octave de la Feste-Diev. Preschée par
le R. P. A. D. — *A Paris, chez Pierre dv Pont*, 1649. In-4°
de 14 pages.

(Voir les n°° 75 et 78.)

EXTRAITS DE LA *GAZETTE*

88. — Continvation (La) du voyage du Roy à Bordeaux
jusques à l'vnzième de ce mois : La démission volon-
taire du Général Fairfax : Et la conclusion et signature
finale du Traité de Nuremberg, qui termine tous les dif-
ferans sur l'execution de la Paix d'Allemagne. — *Sans
titre.* A la fin : *A Paris, le 15 juillet 1650.* In-4°. pages
873-884.

89. — Conversion (La) de la maison royale et d'vne
partie de la Chine, à la Religion Chrestienne : Déclaration
de l'Assamblee generale d'Escosse, contre le Parlement
d'Angleterre : avec la response dudit Parlement : Et la
reddition et les articles de la ville de Waterfort et du
chasteau de Catherlagh en Irlande. — *Sans titre.* A la
fin : *Paris,* 1650. In-4°. pages 1269-1280.

90. — Magnifiqve (La) entree de la Reyne d'Espagne
dans Madrid : La Déclaration de l'Assamblée des Com-
'munautés de Provence en faveur du Comte d'Alais. Et
La response des statuës du Palais voisin de l'Hostel des
Ambassadeurs de France en Holande, à sa Prosopopée. —
Sans titre. A la fin : *Paris . . . le 7 janvier 1650.* In-4°.
pages 37-48.

91. — Mascarade en forme de balct, Dansé par le Roy
au Palais Cardinal le 26 de ce mois. — *Sans titre.* A la
fin : *A Paris . . . le 26 février 1651.* In-4°. pages 221-232.

92. — Mavvaiz (Le) svccez qv'ont eu les Espagnols de leur arrivée à Bordeaux : Et le progrez du voyage du Roy. — *Sans titre*. A la fin : *A Paris ...le 20 juillet 1650.* In-4°. pages 897-908.

93. — Particvlaritez (Les) de la détention des Princes de Condé et de Conty, et Duc de Longueville, Avec les protestations de fidclité faites au Roy sur ce sujet, par les Députez du Parlement de Roüen. — *Sans titre*. A la fin : *A Paris ... le 25 janvier 1650.* In-4°. pages 137-148.

94. — Postes (Les) de l'armee des Espagnols commandée par l'Archiduc Léopold, et de la Françoise sous le Mareschal du Plessy : leur estat présent : et ce qui s'y est n'aguères passé depuis l'entrée de l'ennemi en France. — *Sans titre*. A la fin : *A Paris ...1650.* In-4°. pages 1193-1204.

95. — Procez verbavx de ce qui s'est n'aguères traitté à Stenay en l'abouchement du Député de France et de celui d'Espagne, sur le sujet de la paix. — *Sans titre*. A la fin : *A Paris, ... 1651.* In-4°. pages 453-464.*

96. — Relation extraordinaire, contenant la fvrievse et sanglante Deffaitte des Armées des Tartares et Cosaques, par l'Armée du Roy de Pologne ; Auec la prise de toute leur Artillerie et Bagage. — *Sans titre*. A la fin : *A Paris ... le 29 Iuillet* 1651. In-4°. pages 745-752.

97. — Response (La) de l'Archidvc Leopold, faite à Messieurs les Deputez pour la continuation de la Paix Generalle, Envoyée à son Altesse Royalle. — *Sans titre*. A la fin : *A Paris, ... le 26 septembre 1650.* In-4°. pages 1293-1300.

98. — Sortie (La) et condvite de la Duchesse de Boüillon, et de sa belle-sœur hors de la Bastille : Extrait de la Conference n'agueres tenuë entre l'Ambassadeur d'Espagne et les Estats Generaux des Pais-Bas : Et les quatre Lettres interceptes du Chancelier d'Escosse au Roy de la Grand'Bretagne. — *Sans titre.* A la fin : *A Paris, ... le 8 novembre 1650.* In-4°. pages 1437-1448.

PIÈCES NON DATÉES
COMPRISES AU RECUEIL *BOUHIER :*

99. — Contrat de mariage de Monsievr le dvc de Vandosme. — *Sans titre.* In-4° de 11 pages.

Daté du 5 avril 1598.

100. — Intermedes de la Tragedie du College de Clermont de la Compagnie de Iesvs. Dediée av Roy. — *S. l. n. d.* In-4° de 8 pages.

101. — Rome (La) ridicvle. Caprice. — *S. l. n. d.* In-4° de 55 pages.

En vers français de 8 syllabes (101 strophes de 10 vers chacune). Les deux dernières pages contiennent, sur Rome, une pièce satirique et ordurière, en 19 vers latins, de Joseph Scaliger et un distique latin d'Erasme, d'une satire encore plus sanglante dans sa brièveté ; qu'on en juge ;

> Roma, vale, vidi : satis est vidisse : revertor
> Cum Leno, Meretrix, Scurra, Cinædus ero.

102. — Savvegarde (La) de la vie hvmaine. — *S. l. n. d.* In-4° de 7 pages.

En vers de 8 syllabes.

Sous ce titre, le poète donne des préceptes d'hygiène que n'aurait point répudiés l'Ecole de Salerne. Il les termine par ces deux vers :

> Loin de toy pour viure bien sain
> Apotiquaire et médecin.

F I N .

ÉPERNAY. — IMP. L. DOUBLAT.

Alphabet orné, composé et gravé par Caulo. Suite de 27 planches gr. in-4°, imp. en bistre.............. 13 fr. 50

Voltaire (Exhumation de), par A. Babeau. *Troyes*, 1874. In-8° de 11 p.

Garin, le Loherain, chanson de geste composée au XII° siècle par Jean de Flagy, mise en nouveau langage par Paulin Paris, membre de l'Institut. *Paris*. In-12 de 400 p.... 4 fr.

> Histoire de la grande guerre des Lorrains et Messins contre les Bordelais, dont l'action se passe en Bourgogne, Champagne et Picardie. — Délivrance de Paris, Sens, Soissons, Troyes. — Prise de Grancey, Langres, Chateauvilain. — Siége et chevauchée de Saint-Quentin. — Événements de Guyenne. — L'ouvrage est complété par de bonnes tables des noms de lieux et de personnes.

Hôtel-de-Ville de La Ferté-Bernard (Sarthe), par L. Charles. *Caen*, 1869. In-8° de 9 p. Figures.......... 1 fr.

Statue (une) de Louis XV exécutée par J.-B. Lemoyne pour la ville de Rouen, par L. Courajod. 1875. Gr. in-8° de 14 p. Figure.. 2 fr.

Etude sur l'hôtel-de-ville de St-Quentin, par Gomart, 1858. In-8°, br................................. 75 cent.

Fête (la) de l'arquebuse à Saint-Quentin, par Gomart. S. L. N. D. br. in-8°................................. 1 fr. 50

Chroniques de la paroisse et du collége de Courdemanche, au Maine, par l'abbé Charles *Mamers*, 1876. In-8° de 36 p. planche...................................... 2 fr.

Dictionnaire des fiefs, seigneuries, châtellenies de l'ancienne France, contenant les noms des terres et ceux des familles qui les ont possédées, leur situation provinciale, dates de possession, transmission, érection de terres titrées, etc., par Gourdon de Genouillac. Beau volume in-8° de 566 p., broché....................................... 5 fr. 50

Epernay. — Imp. L. Doublat.

REVUE DE CHAMPAGNE & DE BRIE

Histoire, biographie, archéologie, documents inédits, bibliographie, beaux-arts.

La REVUE DE CHAMPAGNE ET DE BRIE paraît le 1er mercredi de chaque mois par livr. de 5 feuilles au moins, gr. in-8° raisin, depuis le 5 juillet.

Prix de l'abonnement : Ardennes, Aube, Marne, Haute-Marne, Seine-et-Marne, Yonne, arrondissement de Château-Thierry et Seine, **12 francs par an.** Pour l'étranger, le port en sus.

LE VERMANDOIS

Revue d'histoire locale, beaux-arts et littérature, publiée sous les auspices de membres de Sociétés savantes de plusieurs départements, paraissant le 1er et le 15 de chaque mois.

Les abonnements sont d'un an et courent à partir du 1er janvier de l'année dans laquelle ils sont souscrits. Le prix en est de **10 francs**, payable comptant. Au commencement de chaque année, l'envoi du Journal est continué et, si on ne le refuse, l'abonnement est considéré comme renouvelé et exigible en entier.

ON S'ABONNE A NOTRE LIBRAIRIE.

.CONDITIONS DE LA SOUSCRIPTION POUR 1877

AU

CABINET HISTORIQUE

REVUE MENSUELLE. — XXIIIe ANNÉE

DEUXIÈME SÉRIE, TOME PREMIER

Le CABINET HISTORIQUE, fondé par M. Louis Paris, est actuellement dirigé par M. ULYSSE ROBERT, ancien élève de l'école des Chartes, et employé au département des manuscrits à la Bibliothèque Nationale. Ce recueil paraît tous les mois, par cahiers de 3 feuilles, texte historique et catalogue, contenant annuellement l'indication de 1,200 manuscrits environ.

PRIX DE L'ABONNEMENT :

Pour PARIS..................... 12 fr.
Pour les DÉPARTEMENTS........ 14 fr.
Pour l'ÉTRANGER, le port en sus.

AUCUNE LIVRAISON NE PEUT ÊTRE VENDUE SÉPARÉMENT

Les demandes d'abonnement et les envois d'argent doivent être adressés au propriétaire-gérant, M. Henri MENU, au nom de qui seront créés les mandats de poste ou autres